Lea Wirbelwind
will aber unbedingt!

Eine Geschichte von Christine Merz
mit Bildern von Betina Gotzen-Beek

KeRLE
Freiburg · Wien · Basel

Lea Wirbelwind wünscht sich ein Meerschweinchen. So eines wie Lola. Lola ist das Meerschweinchen von Leas bester Freundin Marie, die einen Stock tiefer wohnt.
„Marie hat Lola", erklärt Lea beim Abendessen. „Ich will auch ein Meerschweinchen!"
Mama schüttelt den Kopf. „Lea, ich hab es dir schon einmal erklärt. So ein Tier braucht viel Platz. Es muss außerdem gefüttert und gepflegt werden und zweimal die Woche muss man den Stall ausmisten. Dafür haben wir keine Zeit. Also, Schluss damit!"
Leise mault Lea vor sich hin: „Ich will aber ein Meerschweinchen – unbedingt!"

ZEITUNG

Beim Frühstück sagt Lea: „Ich hab die Ecke neben meinem Bett frei geräumt! Da passt ein Käfig prima hin. Das Meerschweinchen kann kommen!"
Mama verdreht die Augen. „Gib auf, Lea!", sagt sie. „Es gibt kein Meerschweinchen, wünsch dir etwas anderes!"
Papa sagt: „Wie wäre es mit einem kuscheligen Meerschweinchen aus Plüsch?"

Da wird Lea Wirbelwind sauer. „O, was bist du für ein dummer Papa!", ruft sie wütend und schleudert Blitze aus ihren Augen über den Tisch. „Ich will ein lebendiges Meerschwein und kein Kuscheltier!" Und sie rennt aus der Küche und wirft die Türe mit einem lauten Knall hinter sich zu.

Papa setzt sich zu Lea aufs Bett. Er krault ihren Nacken und sagt: „Der dumme Papa hat eine Idee. Sollen wir heute die Wildschweine im Stadtpark besuchen?"
Lea dreht sich zu Papa um. Sie schiebt die Unterlippe vor und brummt: „Ich will keine Wildschweine sehen, ich will Meerschweine sehen!"
Papa überlegt. „Dann müssen wir in den Tierpark gehen. Dort gibt es einen Streichelzoo", sagt er.
Lea springt auf und jubelt: „Au ja! Das machen wir!" Dann drückt sie Papa fest und flüstert ihm ins Ohr: „Du bist doch kein dummer Papa!"

Im Tierpark will Lea nicht zu den Giraffen, nicht zu den Nilpferden, nicht zum Löwenkäfig. Sie will zum Meerschweinchengehege. Dort staunt sie erst einmal, wie viele verschiedene Meerschweinchen es gibt. Große und kleine, weiße und braune und gescheckte.
„Das schwarze mit den lebhaften Knopfaugen!", sagt sie.

„Das ist es, das will ich haben!"
Mama schüttelt den Kopf. „Lea!", mahnt sie. „Man kann nicht immer alles haben, was man will."
„Ich will aber!", jammert Lea und stampft trotzig mit dem Fuß auf.
Papa seufzt. „Wir sind hier im Streichelzoo, Lea. Hier werden keine Meerschweinchen verkauft!"

MEERSCHWEINCHEN
ABZUGEBEN !

In diesem Augenblick kommt der Tierpfleger. Lea erkennt ihn an seiner blauen Latzhose. Er beugt sich über den Zaun zu den Meerschweinchen hinab und schnappt sich ausgerechnet das schwarze mit den Knopfaugen. Dann dreht er sich zu einem großen Mädchen um, das einen Käfig in der Hand hält. Dort steckt er das Meerschweinchen hinein. „Viel Freude damit!", sagt er und verschwindet.

„Habt ihr das gesehen?" Lea schreit jetzt fast und zerrt an Papas Hose. „Die verschenken hier Meerschweinchen. Das Mädchen hat eines gekriegt! Ich will auch eines!"
Mama sagt streng: „Schluss jetzt, Lea. Es gibt kein Meerschweinchen für uns!"
Papa fügt hinzu: „Mach jetzt keinen Zauber, Lea!"

Da kriegt Lea eine große Wut. „Ich mach wohl einen Zauber!", schreit sie los. „Ihr seid so gemein. Alle kriegen ein Meerschweinchen, nur ich nicht!" Lea heult laut los, trampelt voller Wut mit den Beinen auf der Stelle und fuchtelt wild mit den Armen.
Da schnappt Papa sie kurzerhand und trägt sie ohne ein weiteres Wort aus dem Tierpark.

Am Nachmittag kommt Oma Arnold zum Kaffee. Sie bringt Lea Wirbelwind ein Päckchen mit. Lea reißt ungeduldig das Papier auf. Hervor kommt ein kleines, hellbraunes Meerschwein aus kuscheligem Plüsch.
Mama ruft begeistert: „Oh wie süß! Das ist aber lieb!" Dann fragt sie Lea: „Freust du dich?"
Lea nickt. Aber in Wahrheit freut sie sich nicht.
Oma Arnold fragt: „Wie willst du es denn nennen?"
Als Lea nicht antwortet, fügt sie hinzu: „Wie wäre es mit Krümel? Ich finde, das passt wunderbar!"

Lea trottet in ihr Zimmer. Sie setzt Krümel auf den Boden in die frei geräumte Ecke. Dann hat sie eine Idee. Sie sucht in Papas Werkstatt eine alte Obstkiste und ein paar lange Bretter. Damit baut sie auf dem freien Platz einen Stall. So kann Mama sehen, dass Leas Zimmer

groß genug für einen echten Käfig ist. Als Schlafplatz stellt Lea einen Schuhkarton in eine Ecke. Dann geht sie nach unten. Im Vorgarten rupft sie ein paar Büschel Gras ab. Die streut sie auf den Boden im Stall. Fertig ist das Meerschweinchen-Haus!

Lea Wirbelwind setzt das Kuschelschwein vor den Stall.
„Los, Krümel", befiehlt sie, „geh in deinen Stall!"
Krümel bewegt sich nicht.
„Ich hab gesagt, du sollst reingehen!", sagt Lea und runzelt die Stirn. „Kannst du nicht hören?"
Krümel sitzt still und stumm.
Lea merkt, wie sie wütend wird. Sie tritt nach dem Meerschweinchen und kickt es in die Ecke.
Krümel rührt sich nicht.
Da hebt Lea das Plüschschwein auf, wirft es an die Wand und brüllt: „Ich wollte ein echtes Meerschwein haben und nicht so einen Dumm-Krümel!"
Im selben Augenblick kommt Mama zur Tür herein. Sie hebt das Meerschweinchen auf und sagt: „Du bist und bleibst ein Dickkopf, Lea Wirbelwind!"

Es klingelt. Leas Freundin Marie stürmt zur Tür herein. „Schnell, Lea!", ruft sie. „Komm mit! Im Fernsehen fängt gleich ein Märchenfilm an. Mama sagt, den darf ich anschauen. Und deine Mutter hat es auch erlaubt."

Noch bevor Lea etwas sagen kann, fügt sie hinzu: „Allerdings muss ich vorher noch Lolas Stall ausmisten. Hilfst du mir? Dann geht es viel schneller!"
Lea springt auf. „Klar doch!", sagt sie. „Du bist meine Rettung! Ich will doch sowieso ein Meerschweinchen! Da kann ich mit Lola schon mal üben!"

Marie gibt Lea Schaufel und Handbesen und zeigt ihr, wie sie die nassen Sägespäne aus dem Käfig fegen soll.
„Puuuhhh", rümpft Lea die Nase. „Das stinkt aber mächtig! Ist das immer so?"
Marie grinst: „Klar. Ist doch Lolas Pipi und Kacke!"
Mit einer Hand zieht Lea die durchnässte Zeitung aus dem Käfig und fegt ihn aus. Mit der anderen hält sie sich die Nase zu. Marie füllt frisches Wasser in die Trinkflasche. Dann kommt eine neue Zeitung auf den Boden des Käfigs und Lea verteilt frische Sägespäne darauf. Fertig! Aber was ist das? Als sich Lea nach Lola umsieht, entdeckt sie schon wieder neue Stinke-Knödel auf der frischen Streu.
„Lola ist ein Schwein!", sagt sie empört. „Das kann sie jetzt aber gefälligst selber sauber machen!"

ZEITUNG
Spiels

Als Lea Wirbelwind am Abend schlafen geht, sitzt ihr Plüsch-Meerschweinchen auf ihrem Bett. „Zum Glück stinkst du nicht!", sagt sie ihm leise ins Ohr und drückt es fest an sich. Dann denkt sie darüber nach, ob sie sich nicht besser kein Meerschweinchen wünschen soll.

Eigentlich reicht es, wenn Marie Lola hat.
„Ob es Tiere gibt, die nicht stinken?" Lea überlegt. Dann fällt es ihr ein. „Ich wünsch mir einen Waschbär. Der wäscht seinen Käfig selbst."

www.kerle.de
Verlag Herder GmbH, D-79080 Freiburg

Umschlaggestaltung und Satz: Uwe Stohrer Werbung, Freiburg
Herstellung: Himmer, Augsburg

Gedruckt auf umweltfreundlichem, chlorfrei gebleichtem Papier
Printed in Germany

ISBN 978-3-451-70989-0